DISCOURS

PRONONCÉ LE MERCREDI 9 DÉCEMBRE 1868,

À la séance solennelle de rentrée

DE LA

CONFÉRENCE DES AVOCATS DE MARSEILLE,

PAR Me LUCIEN DROGOUL, AVOCAT.

———

Imprimé en vertu de la délibération du Conseil de Discipline de l'Ordre,
en date du 30 Janvier 1869.

ÉTUDE

SUR

LE DROIT CRIMINEL INTERNATIONAL.

MARSEILLE.

TYP. ET LITH. BARLATIER-FEISSAT PÈRE ET FILS,
Rue Venture, 19.

1869.

RENTRÉE

DE LA

CONFÉRENCE DES AVOCATS DE MARSEILLE.

DISCOURS

PRONONCÉ LE MERCREDI 9 DÉCEMBRE 1868,

À la séance solennelle de rentrée

DE LA

CONFÉRENCE DES AVOCATS DE MARSEILLE,

Par Mᵉ Lucien DROGOUL, Avocat.

Imprimé en vertu de la délibération du Conseil de Discipline de l'Ordre,
en date du 30 Janvier 1869.

ÉTUDE

SUR

LE DROIT CRIMINEL INTERNATIONAL.

MARSEILLE.

TYP. ET LITH. BARLATIER-FEISSAT PÈRE ET FILS,
Rue Venture, 19.

1869.

ÉTUDE

SUR LE DROIT CRIMINEL INTERNATIONAL.

———◦◦⦂◌⦂◦◦———

DISCOURS

PRONONCÉ

A LA SÉANCE DE RENTRÉE DE LA CONFÉRENCE DES AVOCATS DE MARSEILLE,

Le Mercredi 9 Décembre 1868.

———◦◦⸼⸼⸼◦◦———

Monsieur le Batonnier,

Messieurs,

Malgré le sens intime qui rappelle l'homme à la vertu,
malgré la voix qui lui crie qu'il ne peut être heureux que
par elle, il faut reconnaître que la justice naturelle, qui
dirige sans contraindre, serait vaine pour la plupart des
hommes, si la raison ne se déployait avec l'appareil de la
force, pour unir les droits aux devoirs, et appuyer par les
commandements de l'autorité les inspirations honnêtes
de la nature. Et c'est le devoir le plus sacré des sociétés
et des gouvernements, double et indivisible institution qui

a pour but comme pour principe le droit et la liberté, d'assurer à leurs citoyens, dans ses manifestations extérieures, le développement complet et régulier des facultés humaines, sous l'empire de la loi qui en règle l'exercice, et empêche que, cédant à la violence des passions ou au choc des intérêts, les hommes ne violent leurs droits réciproques.

Les leçons de la morale, l'impression que laisse toujours dans le cœur une éducation soignée, la vigilance de la police administrative leur seront sans doute d'un puissant secours. Ces ressources seraient cependant insuffisantes, et l'expérience a montré qu'il est nécessaire d'en chercher d'autres dans les moyens de répression. Mais pour qu'ils eussent toute la puissance dont sont susceptibles les institutions des hommes, il faudrait que leur action libre de toute entrave ne connût aucune limite.

Car selon les paroles d'un grand criminaliste : « La « persuasion de ne trouver aucun lieu sur la terre où « le crime puisse demeurer impuni, serait le moyen le « plus efficace de le prévenir. »

Et cependant, n'est-il pas vrai que la pluralité des nations, la diversité de leurs lois, la puissance de chacune d'elles sur son territoire, son impuissance au dehors, furent de tout temps une source fâcheuse d'impunité ?

Comment concilier ces divers principes avec ce besoin impérieux d'une répression universelle ?

C'est, Messieurs, ce que je vais examiner avec vous, puisqu'une loi récente, qui a modifié les articles 5, 6 et 7 du Code d'Instruction criminelle, m'en fournit l'occasion : mais elle ne sera qu'une partie de ce travail, que je n'intitule qu'avec crainte : *Etude sur le droit criminel international.*

Les infractions à nos lois peuvent être commises soit en France, soit à l'étranger. Cette distinction divise notre étude en deux parties.

Nous examinerons d'abord la première.

Chaque nation possède et exerce seule la souveraineté et la juridiction sur toute l'étendue de son territoire. Tous les crimes et délits qui y sont commis sont soumis à sa juridiction. Et il ne peut à cet égard exister aucune différence entre les nationaux et les étrangers ; car s'il est des lois sans lesquelles un Etat ne saurait subsister, n'est-ce point celles qui protégent contre la violence, la liberté, la propriété et la sécurité des citoyens ? Et si chaque nation a le droit de veiller à sa conservation, comment pourrait-elle atteindre ce but s'il existait dans son sein des hommes libres d'y porter impunément le désordre ?

L'étranger qui traverse la France ou qui y réside est protégé par ses lois, il doit donc les respecter à son tour. Aussi est-ce avec raison que l'article 3 du Code Napoléon a posé ce principe que « les lois de police et de sûreté « obligent tous ceux qui habitent le territoire. »

Mais aux limites naturelles ou conventionnelles de chaque nation expire son pouvoir. Ses lois, non moins que ses armées ne peuvent les franchir sans porter atteinte au respect de l'égalité des droits entre les diverses nations, et au principe de la souveraineté exclusive qui appartient à chacune d'elles.

Aussi aucun pays n'est-il obligé d'admettre chez lui l'application d'une législation étrangère, et quand des peuples voisins ont accepté dans leur patrie cette extension de nos lois, ce n'est pas qu'ils se soient crus soumis au statut étranger, c'est qu'ils y ont vu un intérêt d'utilité publique, en même temps qu'un intérêt privé résultant du droit de réciprocité. Et encore, remarquez qu'ils n'ont jamais consenti à souffrir que, dans leur territoire, l'exécution d'un jugement étranger se fît en vertu de la seule autorité du juge qui l'a rendu ; toutes les nations ont réservé à leurs propres juges le pouvoir d'ordonner ou de repousser cette exécution.

Mais n'insistons pas davantage : car c'est un principe admis par tous les auteurs qui ont écrit sur le droit des gens qu'aucun Etat n'autorise l'exécution dans son territoire des jugements rendus en matière criminelle par les tribunaux étrangers, contre la personne ou les biens d'un individu.

Il est pourtant quelques exceptions à cette règle, qui arrête à ses limites la juridiction. de l'Etat, ou plutôt quelques fictions de droit qui prolongent le territoire au-delà de ses frontières, et qu'il est utile de signaler.

Là où est le drapeau, là est la France. Telle est la première de ces fictions, qui a été appliquée aux lieux occupés hors le territoire par nos armées. Nul n'en conteste la légitimité. L'armée est en quelque sorte le pays lui-même qui se déplace. Elle représente la force publique de l'Etat; à ce titre elle ne peut être soumise à la souveraineté des lieux qu'elle occupe transitoirement. Aussi est-il universellement admis que les militaires qui en font partie ne sont soumis qu'à la juridiction nationale.

Les navires qui voguent en pleine mer, sont aussi considérés comme une prolongation du territoire de l'Etat dont ils portent le pavillon. Si l'on en excepte les ports et les rades et les eaux qui baignent les côtes jusqu'à la distance d'une portée de canon, la mer est le patrimoine commun des hommes et des nations. Il est dans sa nature même, de n'être susceptible d'aucune propriété privée. En effet, le flot qui porte un vaisseau est-il moins apte à en porter un autre? Et les vents ont-ils plus de peine à pousser toutes les flottes du monde, qu'à faire aller un seul navire ?

La mer est libre pour tous dans son immensité, et chaque souveraineté peut y régner. Il en résulte que les infractions qui y sont commises sur nos navires, sont justiciables de la juridiction française.

Mais si le vaisseau passe la frontière maritime, s'il entre dans un port, il se trouve sur un territoire étranger, soumis à la juridiction locale. Cependant le navire de guerre y reste encore sous la domination nationale, car on peut dire de lui, comme de nos armées, qu'il est une partie de la force publique, et qu'on ne peut le soumettre à la puissance d'une justice étrangère.

Ces motifs n'existant plus pour les navires marchands, ils sont sous la souveraineté du pays qui les reçoit dans ses eaux. C'est donc à la justice locale qu'il appartient de juger et de punir les infractions qui y sont commises.

Cependant un usage généralement admis laisse à la juridiction nationale les crimes et les délits, sous la double condition qu'ils aient été commis par un homme de l'équipage contre un homme du même équipage, et qu'il n'en soit résulté aucun trouble pour la tranquillité du port. Cette règle, qui n'est qu'une exception en dehors de laquelle la juridiction locale reprend tout son empire, a été sanctionnée par un avis du Conseil d'Etat du 20 novembre 1806, sur les réclamations des consuls des Etats-Unis, aux ports de Marseille et d'Anvers par rapport aux délits commis à bord des vaisseaux de leur nation dans les ports et rades de France.

L'ordonnance du 23 octobre 1833, relative aux rapports des consuls avec la marine marchande, maintient la même distinction dans ses articles 22 et 23.

La jurisprudence a fait l'application des principes que nous venons de signaler. Ainsi :

Un Français, qui avait fait la traversée des Etats-Unis en France sur un navire américain, porta plainte, en arrivant à Bordeaux, contre le capitaine, pour mauvais traitements. La Chambre correctionnelle de la Cour de Bordeaux s'est déclarée incompétente :

« Attendu que les faits imputés au capitaine par le « plaignant se sont passés en pleine mer et par con- « séquent hors du territoire Français ; que le plaignant, « en s'embarquant sur le bâtiment Américain l'*Elisabeth*, « s'est soumis aux mesures disciplinaires qui pour- « raient paraître nécessaires au capitaine dans l'intérêt « du navire, de l'équipage et des passagers; que si « le capitaine a abusé de son pouvoir et commis un « crime ou un délit à l'égard du plaignant, c'est devant « les tribunaux américains qu'il doit être traduit, « parce que le crime ou le délit est censé avoir été « commis en Amérique.»

M. Ortolan relate en sens inverse un autre exemple : « Nous avons vu, dit-il, le tribunal correctionnel de « Marseille se déclarer à bon droit compétent, et « frapper de peines correctionnelles le capitaine d'un

« navire de commerce anglais, qui, à propos de la
« place assignée à son navire dans le port, s'était
« rendu coupable de voies de faits contre le patron
« d'un autre bâtiment français dont il avait en outre
« arraché et lacéré le pavillon. »

Mais la loi pénale est-elle exclusivement territoriale ?
Le Code d'Instruction criminelle semble l'avoir ainsi
entendu.

En effet, si les lois de police s'appliquaient en France
à tous sans distinction de nationalité, une fois sortis
de France nos nationaux étaient abandonnés à la
souveraineté dont ils recevaient l'hospitalité, et ne
leur donnant plus aucune protection, nos lois semblaient
perdre tout titre à leur obéissance.

Elles ne réservaient leur pouvoir répressif contre
les crimes commis à l'étranger par des nationaux qu'autant qu'ils attentaient à la sûreté ou au crédit de
l'Etat.

En second lieu, elles punissaient le Français qui
avait commis un crime contre un particulier; sous
la triple condition qu'il fût de retour en France, que
la victime fût Française, et qu'elle portât plainte.

Il résultait de cette législation que le plus souvent
le Français ne pouvait être l'objet d'une poursuite,
pour les actes qu'il avait commis à l'étranger, puisque,

indépendamment des crimes pour lesquels la partie
lésée n'a pas porté plainte, les crimes commis contre
un étranger, les délits commis, soit contre un étranger, soit contre un Français, échappaient à la répression.

Quant à l'étranger coupable d'un crime ou d'un
délit contre un Français, sa présence en France ne le
rendait susceptible d'aucune poursuite, puisque l'article
6 ne donne ce droit que quand il a commis un
crime attentatoire à la sûreté ou au crédit de l'Etat.

Si vous voulez apprécier les résultats de cette loi,
écoutez dans leur éloquente simplicité, les paroles de
M. Laplagne Barris, qui émurent la Chambre des
Pairs, lors de la discussion du projet de 1843 :

« J'ai eu l'honneur, dit-il, de remplir pendant
« quatre ans les fonctions de procureur-général dans
« un ressort qui embrassait soixante-dix lieues de fron-
« tière. Eh bien ! il m'est arrivé, non pas dix, vingt
« fois, mais beaucoup plus souvent de gémir des chaî-
« nes que m'imposait l'article 7 du Code d'Instruction
« criminelle; il m'est arrivé souvent d'être témoin de
« faits qui constituaient de véritables attentats à la
« morale publique, de faits qui étaient de nature à
« altérer, à dégrader la morale dans l'opinion du
« peuple, surtout de la classe inférieure, d'être forcé
« de voir des assassins, des incendiaires, des empoison-
« neurs, contre lesquels un magistrat français ne pou-

« vait exercer le plus léger acte de poursuite, et qui
« avaient commis leur crime à quelques lieues du
« village, où ils avaient établi leur domicile.

« Permettez-moi de vous citer un fait dont j'ai été
« témoin dans les derniers temps de mon exercice.

« Un Français, un monstre, habitait un village
« séparé par une ligne idéale d'un village Prussien
« limitrophe, ayant jadis fait partie de la France, et
« qui avait cessé de lui appartenir par suite des
« malheurs de 1815; il assassina dans le village
« prussien sa sœur et son beau-frère, et je le laissai
« libre, se promener ainsi dans les rues du village
« français, sans que personne osât lui adresser un
« reproche, car violent, menaçant, il intimidait la popu-
« lation. »

Si notre Code était absolu au dedans de nos frontières, vous voyez, Messieurs, combien il était limité
au dehors, et à combien de conditions restrictives son
action était subordonnée.

Je n'en vois la cause que dans le principe générale-
lement répandu alors de la territorialité des lois pénales, qui trouva, lors de la discussion du Code, un
ardent défenseur. Treillard, fidèle à ce principe, com-
battit énergiquement les exceptions qu'y apportèrent
les articles 5, 6 et 7.

Peut-être aussi faut-il, remontant en arrière, se rappeler l'éloignement des nations, la difficulté de communication et de voyage, et l'on comprendra que les inconvénients que nous ressentons aujourd'hui étant alors moins fréquents, cet état était plus tolérable.

Mais voilà qu'entraînés par le mouvement intellectuel et commercial, les peuples se rapprochent, que les distances disparaissent, que les barrières qui les séparent, s'ébranlent. La civilisation, par son travail incessant, nivelle les mœurs et imprime aux lois un caractère de ressemblance et d'unité. Déjà la propriété intellectuelle avait trouvé, de nation à nation, une défense contre le banditisme de la contrefaçon, et la ligne idéale qui sépare deux nations était encore un bouclier qui couvrait de sa protection le faussaire et l'assassin !

Depuis longtemps les exhortations des peuples voisins régis par d'autres principes, les plaintes légitimes que nous adressaient des puissances plus habituées à suivre nos exemples qu'à nous offrir les leurs, ne justifiaient que trop la nécessité d'une réforme.

Trois fois elle fut tentée, trois fois elle sembla sortir victorieuse de la lutte, mais par une fatalité imméritée, ce ne fut qu'après une quatrième épreuve qu'elle aboutit à la formule définitive qui devait en faire la loi du 27 juin 1866.

Examinons donc ces principes d'un ordre supérieur qui condamnaient les éminents adversaires du projet à repousser une réforme que la justice, la morale, et un besoin social leur faisaient un devoir d'appeler de tous leurs vœux.

La loi pénale est un statut territorial.

Ce qui le prouve, disent-ils, c'est qu'elle punit indistinctement, les actions, abstraction faite des individus, que, dans chaque pays, les crimes ont pour juges les juges du lieu où ils sont commis ; que les lois de police ne suivent point, comme celles qui règlent la capacité personnelle, les nationaux à l'étranger ; que d'ailleurs le législateur n'est pas le vengeur de la morale universelle, mais le défenseur de l'ordre, et que l'ordre n'étant pas troublé par une infraction commise hors du territoire, le pays d'origine n'a point un intérêt suffisant pour punir.

On ajoute, dans un autre ordre d'idées, qu'un gouvernement ne peut exercer au delà des limites de son territoire aucun acte de souveraineté, qu'en conséquence ses lois ne pouvant commander aucune obéissance sur le sol étranger, les infractions à ces lois ne peuvent donner lieu à aucune peine.

Enfin, on tire une dernière objection de la différence des pénalités dans les divers Etats.

Une remarque qui frappe tout d'abord dans cette série d'objections, c'est que les unes traitent la question par la question, les autres n'ont rapport qu'à des difficultés d'exécution.

De ce que la loi pénale oblige toutes les personnes qui se trouvent dans l'Etat, il ne s'en suit pas qu'elle ne puisse obliger en dehors du territoire les membres de la cité.

Qu'elle ne soit pas le vengeur de la morale universelle, nous le pensons; mais qu'elle n'ait pas intérêt à punir un crime commis à l'étranger, lorsque l'auteur vient en France, nous le contestons.

Mais si la loi pénale est un statut territorial, il faut aller plus loin, et comme le voulait M. Treillard, il faut retrancher les exceptions des articles 5, 6 et 7. Car rien ne pourrait alors justifier la poursuite des crimes commis à l'étranger. Peu importe qu'ils portent atteinte à la sûreté ou au crédit de l'Etat? Peu importe que la victime soit française et qu'elle porte plainte contre l'auteur du crime? Car si la répression d'un crime est d'ordre public, l'indépendance respective des souverainetés et le respect le plus absolu de cette indépendance sont d'ordre public universel et excluent le droit de poursuivre les crimes les plus énormes.

Voilà où l'on est conduit. Mais n'en est-il pas des souverainetés comme de tous les droits? Si l'une est limitée par l'autre, chacune ne se meut-elle pas dans sa sphère

2

avec une entière indépendance ? La souveraineté française peut tout ce qui n'est pas réservé à la souveraineté étrangère à titre de droit exclusif. Et puisque le souverain étranger ne pourrait pas punir le délinquant en France, comment, en le poursuivant, en faisant ce qu'il n'eût pas pu faire soutiendrait-on que la justice française entreprend sur les prérogatives de ce souverain ?

Ce n'est point dans ces principes que se trouve la solution de la question. Il faut remonter plus haut.

Il ne suffit pas, pour qu'un Etat ait le droit de punir une action, qu'elle soit mauvaise selon la loi morale, ou selon la loi en vigueur dans cet Etat, il faut qu'il ait à cette répression un intérêt direct de conservation et de bien-être. C'est ce mélange de justice absolue et d'intérêt social qui engendre le droit de punir.

Ce principe établi, nous reconnaissons qu'un Etat, lorsqu'un fait moralement coupable a été commis au-delà de ses frontières, est souvent désintéressé dans la répression. Mais ne peut-il pas surgir une foule de circonstances qui fassent naître pour lui un intérêt social à cette répression, et qui, dès lors, donnent le droit d'infliger une peine ? Si l'acte commis à l'étranger est dirigé contre l'Etat, sa sûreté, son crédit ? S'il l'est contre des nationaux auxquels la patrie doit une protection plus particulière ? Si le fait a été commis près des frontières ; si dans tous les cas le coupable, citoyen ou étranger, est en France comme une

sorte d'alarme pour les habitants, de façon qu'il soit nécessaire de montrer que la justice n'est pas impuissante
contre les malfaiteurs qu'elle a sous la main.

Voilà des cas où l'Etat peut avoir un intérêt direct à la
répression, il doit donc l'exercer.

Tels sont les principes avec lesquels nous allons examiner la loi nouvelle. Notre but sera de rechercher et de
déterminer les cas dans lesquels se trouvent réunies ces
deux conditions que je viens d'indiquer, et de voir si la loi
leur a appliqué la peine que la justice et la nécessité sociale
lui donnent le droit et le devoir d'infliger.

Deux hypothèses se présentent : celle où les infractions
ont été commises hors le territoire par un Français, et
celle où elles ont été commises par un étranger.

Etudions la première.

Si nous exceptons les crimes attentatoires au crédit ou
à la sûreté de l'Etat, dont la poursuite n'est soumise à aucune condition, le droit de punir n'existe que si le coupable est venu et se trouve sur le territoire français. C'est
sa présence en France qui peut faire naître le danger,
l'alarme publique et par suite la nécessité de poursuivre.
Que l'auteur du fait soit un national ou un étranger, ce
danger causé par sa présence existe toujours. Mais il y a
cette différence que si le coupable est étranger, le gouvernement peut l'extrader ou lui interdire le territoire, tandis

que s'il est Français ces mesures ne peuvent lui être appliquées. On en serait donc réduit, d'après le système que nous combattons, à tolérer dans le territoire un criminel sans pouvoir le punir.

Les adversaires de la loi nouvelle au Corps législatif ont bien compris ce qu'avait de fâcheux une pareille situation.

Aussi ont-ils essayé d'y remédier, et MM. Jules Favre et Picard, au mépris de nos chartes constitutionnelles qui déclarent qu'un Français ne peut être distrait de ses juges naturels, rétrogradant jusqu'au premier empire, demandaient, avec Napoléon Ier, que le Français coupable d'un crime à l'étranger pût être arraché à son pays et livré à la juridiction du souverain dont il aurait violé les lois.

Cette idée d'une époque où les notions du droit public étaient loin d'avoir acquis la force qu'elles ont aujourd'hui a naturellement rencontré une vive résistance. Elle avait contre elle l'opinion de la plupart des criminalistes, l'autorité du droit Européen écrit dans tous les traités d'extradition, la réprobation des meilleurs publicistes.

Ne serait-ce point en effet froisser les susceptibilités nationales dans ce qu'elles ont de plus légitime que de livrer nos nationaux revenus en France à la justice étrangère? Et ne serait-ce point aussi violer ce principe qui veut qu'un homme soit jugé, s'il est possible, dans sa patrie, au milieu de ses amis, en présence de ses antécédents, par les juges de son pays, à l'abri de sa justice.

Le Code d'Instruction criminelle ne punissait que les infractions qualifiées crimes par la loi française, la nouvelle loi a étendu le droit de poursuite aux délits.

Pour vous montrer l'utilité d'une telle réforme, laissez-moi vous citer un fait qui remonte à quelques années:

Le général X... avait porté une plainte en adultère contre sa femme. Le délit d'adultère, en ce qui concernait les faits accomplis en France, était couvert par la prescription. Mais de nouveaux faits avaient eu lieu depuis dans un pays voisin de la part de l'épouse coupable, et échappaient cette fois à la prescription. Le tribunal de la Seine condamna la prévenue, en se fondant sur ce que, « ce « n'est pas dans le lieu où se perpètre le fait matériel que « se constitue le délit d'adultère, mais que ce délit n'a de « matérialité, comme d'existence morale pour le mari, « qu'au lieu où il l'apprend, qu'au lieu où réside le ma-« riage, ou l'être moral qui constitue le mariage et qui « est représenté par le mari. »

D'où la conséquence que le délit avait été commis en France, non à l'étranger, et dès lors tombait sous l'application des lois françaises.

Sur l'appel de la femme, la Cour de Paris réforma le jugement, par le motif que l'article 7 n'autorise pas la répression des délits commis à l'étranger par un Français. Et le pourvoi formé par le ministère public fut rejeté par la Cour de Cassation.

La décision de la Cour suprême, est certainement à l'abri de toute critique. Mais que pensez-vous, Messieurs, d'une loi qui, en consacrant de telles impunités, tolère de pareilles atteintes à la morale publique; ou qui, pour échapper à ce reproche, oblige les tribunaux à de tels efforts d'imagination ?

Cette extension nouvelle a été pourtant l'une des dispositions les plus critiquées de la loi.

Le droit de punir les crimes extrà-territoriaux, disait-on, se comprend, parce que ces faits compromettent toujours à un haut degré les lois de la morale et du droit des gens, mais ces raisons cessant d'exister pour les délits, il n'y a pas lieu de les réprimer.

Nous reconnaissons en effet que pour que la société ait intérêt à punir une infraction extrà-territoriale, il faut qu'elle ait une certaine gravité. Et il est certain aussi que si la présence d'un individu qui a commis à l'étranger un assassinat ou un incendie est une cause d'alarme, il n'en est pas de même de celui qui aura commis hors du territoire quelque délit d'injure verbale ou de rixe sans gravité. Si l'on joint à cela les difficultés d'exécution, il semble que pour de si minimes intérêts, on devrait éviter à la justice d'immenses embarras.

Cependant la plupart des Codes de l'Europe, entraînés par cette conséquence de l'assimilation de la loi pénale au statut personnel, proclament la compétence de la jus-

tice nationale en matière de simples délits comme en matière de crimes.

La nouvelle loi les a imités. Si la restriction du Code
d'instruction criminelle nous paraissait fâcheuse, l'extension qu'il vient de recevoir est loin de nous satisfaire.
Car si le mal doit être poursuivi sous toutes ses formes,
s'il est des délits qui, bien que commis à l'étranger, aient
un retentissement d'où naîtrait, avec le scandale de l'impunité, une sorte d'outrage permanent à la morale publique, s'il en est même qui offrent une gravité plus mena-
çante que certains crimes, n'en voyez-vous pas aussi un
grand nombre qui ne sont pas dans des conditions suffisantes pour que la répression en soit poursuivie en France?

Il nous semble qu'il eût été plus sage de réduire la
discussion à une question de mesure, et de ne poursuivre
que les délits d'une certaine gravité. Et pour les distinguer, un moyen qui s'offrait naturellement était de prendre pour limite au droit de poursuite un certain degré
dans la pénalité. L'on eût ainsi poursuivi les délits dont
la nature est la plus grave, tels que le vol, l'abus de blanc-
seing, l'escroquerie, et l'on aurait laissé impunis, par
suite du peu d'intérêt que nous avons à les réprimer, lorsqu'ils ont été commis à l'étranger, les délits d'une gravité
secondaire.

A ce droit exagéré de poursuivre tous les délits, la loi
de 1800, dans son article 5, apporte une restriction qui

consiste à ne punir le délit qu'autant qu'il est puni par la législation du lieu où il a été commis. Cette condition, que peuvent recommander certaines considérations d'équité, nous semble pourtant difficile à justifier.

Pourquoi la souveraineté française s'incline-t-elle devant la souveraineté étrangère? Et si elle ne punit que le fait punissable à l'étranger, pourquoi n'applique-t-elle pas aussi la loi étrangère? Le législateur a déterminé les actes coupables, quand il punit c'est en vertu de ses lois, s'il agit autrement il se soumet à la puissance étrangère, il abdique sa souveraineté.

Qui de vous ne voit en même temps les difficultés qui surgiront? Il faudra que nos magistrats connaissent les lois étrangères, qu'elles soient lues et discutées devant nos tribunaux, et d'elles seules dépendra le sort d'un prévenu

Si le système que j'indiquais était admis, ces considérations d'équité, qui voudraient qu'un fait commis en pays étranger, ne fut point poursuivi en France, quand il n'est pas puni par la loi de ce pays, triompheraient aussi; car cette hypothèse ne peut s'appliquer qu'aux délits d'une importance secondaire, qui, d'après ce système, n'auraient jamais été punis

Il eût aussi évité une inégalité regrettable et contraire aux principes les plus sacrés de nos lois, qui proclament que tous les Français sont égaux. Or, en vertu de cette

disposition, que nous ne saurions trop critiquer, les citoyens français seront punis ou ne le seront pas, selon le
pays dans lequel l'acte coupable selon nos lois aura été
commis, et la responsabilité pénale d'un agent variera suivant les circonstances topographiques. Ainsi tel Français
aura commis tel délit en Belgique et sera puni, tel autre
aura commis la même infraction en Suisse et ne sera
pas poursuivi.

Aux objections que nous avons faites à ce droit aussi
excessif qu'inutile de poursuivre tous les délits, on répon-
dra que le ministère public ayant seul la poursuite, ce sera
à lui d'apprécier s'il y a lieu de l'exercer. Cette réponse
ne saurait nous toucher. Nous aimons peu les pouvoirs
discrétionnaires, et celui du ministère public, magistrature
placée sous la main de l'autorité, loin de nous rassurer,
nous semble présenter les plus graves inconvénients.

Ne pourra-t-il pas arriver, par exemple, que la poursuite d'un délit d'une nature grave soit souvent sacrifiée
à la poursuite du plus inoffensif des délits politiques?

Et à ce sujet, n'y avait-il pas lieu, dans la nouvelle loi,
de faire une exception pour les délits politiques? De
raisons scientifiques, il n'y en avait certainement pas.
Mais est-ce à vous, Messieurs, que je dois demander s'il
n'y avait pas une question de mesure et de convenance?

L'esprit d'une législation ne doit pas être de mul-
tiplier les cas de poursuite dans l'ordre politique. Aussi

avons-nous vu avec peine le gouvernement, malgré l'amendement proposé dans ce sens, s'obstiner à mettre une arme de plus dans l'arsenal élevé depuis longtemps contre la liberté d'opinion. Espérons que des poursuites fréquentes, et faites sans discernement, lui feront bientôt abandonner ce système imprudent, qui aura toujours pour résultat définitif de mettre sur un piédestal celui contre lequel il sera dirigé.

Nos députés indépendants n'ont vu dans cette loi qu'une mesure politique, et c'est sans doute la cause qu'ils l'ont combattue dans son ensemble.

Nous avons vu que l'article 6 du Code d'Instruction criminelle ne punissait que les crimes; ajoutons qu'il ne les punissait qu'en tant que la victime était française. Sous l'empire de cette dernière disposition, les cas les plus singuliers s'étaient présentés. Ainsi:

En 1819, le général Sarrazin, poursuivi en France pour crime de bigamie à l'étranger, opposait que la personne qu'il avait épousée en pays étranger était étrangère, qu'elle n'était pas devenue française puisque son mariage était nul, qu'en conséquence, il ne pouvait pas être poursuivi puisqu'il n'y avait pas de Français lésé.

En 1836, un Français, accusé d'avoir commis un vol qualifié en Espagne, répondait que la somme volée appartenait à un Espagnol; qu'à la vérité le muletier sur lequel elle avait été prise était Français, mais que la victime du vol était espagnole, que, par conséquent, ce fait ne tombait pas sous l'application de la loi française.

Une loi qui permettait à de tels raisonnements de se produire devait être modifiée.

Aussi non seulement la loi nouvelle a étendu le droit de punir aux crimes et aux délits, mais, dans tous les cas, elle ne tient aucun compte de la nationalité de la victime. En effet, le droit de punir dérivant de cette double circonstance, que la punition juste suivant la loi importe en outre d'une manière suffisante à la conservation ou au bien-être de notre société, il n'y a aucune raison pour distinguer. Le coupable est en France, il est Français et il a le droit d'y rester. Qu'importe qu'il ait assassiné ou volé un Français ou un étranger? Dans les deux cas, sa présence en France, n'est-elle pas un sujet d'appréhension et de crainte, ne présente-t-elle pas un danger contre lequel la justice nationale doit rassurer les habitants?

Ceux qui l'ont pensé autrement, semblent avoir cru que la loi pénale est mise en mouvement dans un intérêt particulier, tandis qu'elle ne doit jamais punir que dans l'intérêt du peuple qui l'applique. Nous croyons que c'est aussi la même erreur qui a inspiré ceux qui ont mis en avant le principe de la réciprocité.

D'après eux, l'on punirait le Français qui a volé un Italien, si la loi italienne punit son national qui a volé un Français hors de son territoire ; et l'on acquitterait au

contraire celui qui aurait commis la même infraction en-
vers un étranger dont la nation n'aurait pas le même
principe.

Cette théorie, d'après laquelle la culpabilité ne résulte
pas de l'acte considéré au point de vue de l'agent,
mais considéré par rapport à la victime, sanctionne
encore cette inégalité révoltante que nous avons déjà
signalée.

Aussi trouvons-nous qu'en acceptant, comme elle
l'a fait, ce principe sur lequel sont fondées les législa-
lations européennes, la loi a réalisé un grand progrès,
car cet égoïsme national était peu en harmonie avec
la civilisation de l'Europe.

L'article 7 mettait comme condition à la légitimité de
la poursuite des crimes commis à l'étranger la plainte
de la partie offensée. Le législateur de 1866 a sup-
primé cette condition pour les crimes, il l'a maintenue
pour les délits.

S'il est vrai, comme nous l'avons dit, que la loi pénale
soit mise en mouvement dans l'intérêt social, et non
dans l'intérêt particulier de la victime, nous devons
approuver cette suppression. Mais lorsqu'on enlevait
pour les crimes la nécessité de la plainte, pourquoi
l'a-t-on établie pour les délits? C'est ce que nous ne
saurions nous expliquer. Car s'il est vrai que la présence de l'auteur d'un délit sur le territoire français

soit une cause suffisante pour que la société ait intérêt à punir, qu'importe le silence de la partie lésée ?

Si en matière correctionnelle, la poursuite appartient au ministère public, vous savez tous, Messieurs, qu'elle peut être exercée directement et sans contrôle par le plaignant. Vous savez aussi les inconvénients de ces procès si souvent intentés sous l'impression d'une colère irréfléchie ou sous l'inspiration de cupides intérêts. Ces abus eussent été plus grands dans la matière spéciale qui nous occupe, et c'est sous l'influence de cette crainte, que le droit de poursuite en matière de délits extrà-territoriaux a été réservé exclusivement au ministère public. Mais ces motifs, quelle que soit leur gravité, ne nous paraissent pas suffisants pour légitimer cette exception au droit commun.

Enfin, la disposition qui exige, pour que les poursuites aient lieu en France, que l'auteur du fait coupable n'ait pas été jugé définitivement en pays étranger, a été maintenue.

C'est l'application de la maxime banale: *non bis in idem.* On pourrait objecter, il est vrai, que la justice française n'est point désintéressée par le jugement rendu au nom d'une souveraineté étrangère, et que c'est à nos lois seules qu'il appartient de punir la désobéissance qu'elles n'ont pu prévenir.

Mais n'oubliez pas, Messieurs, que lorsqu'un fait

punissable a été commis en pays étranger, deux juridic-
tions peuvent être compétentes ; celle de l'Etat où le
fait a été commis et celle de la France. — On ne saurait
nier non plus que l'Etat dans lequel les infractions ont
été commises soit le premier intéressé à leur répression,
et que notre intérêt ne vienne qu'en seconde ligne. Si
donc la juridiction locale s'en est emparée la première, et
a jugé définitivement, nous devons respecter sa décision.

Je voudrais pourtant, dans un intérêt général, voir une
exception à cette règle, lorsque le Français jugé à l'étranger retourne en France avant d'avoir subi sa peine ou de
l'avoir prescrite. Dans ce cas, en effet, comme il ne peut
être extradé, et que la justice française ne peut exécuter
les sentences d'une souveraineté étrangère, l'impunité lui
serait assurée. Comment d'ailleurs pourrait-il se plaindre
de la violation du principe de la chose jugée, celui qui ne
la respecte pas, et qui, par sa fuite, annule dans ses effets
le jugement qui l'a frappé ?

Arrivons, Messieurs, à la seconde hypothèse, et voyons
ce qu'il faut décider à l'égard des infractions commises
par un étranger.

L'article 6 du Code d'Instruction criminelle punissait
l'étranger qui hors du territoire avait commis ou avait
été complice de crimes attentatoires à la sûreté ou au
crédit de l'Etat, s'il était arrêté en France, ou si le gou-

vernement obtenait son extradition. Hors ce cas, elle était impuissante.

La loi nouvelle a conservé cette mesure sans l'étendre ni la restreindre.

Le gouvernement aura toujours, il est vrai, contre l'étranger coupable, le droit d'extradition ou de simple expulsion. Mais ces mesures seront-elles toujours suffisantes? La France doit à ses nationaux, même en dehors de ses frontières, appui et protection. Qu'elle se contente d'expulser ou de livrer à la justice de son pays celui qui se sera rendu coupable vis-à-vis un étranger, nous le comprenons. Mais quand il s'agit d'une infraction grave commise contre un de ses nationaux, elle doit avoir une puissance plus efficace; elle doit être armée du droit de punir celui qui vient dans la patrie de sa victime braver pour ainsi dire la justice nationale et lui dire : « J'ai assassiné un de vos citoyens, je ne crains point votre justice ! »

Ce n'est pas que nous ignorions la gravité des objections que l'on nous oppose. L'étranger n'est pas, comme le Français, sujet de la loi française; souvent même il peut arriver qu'il ne la connaîtra pas.

Mais quoi ! n'était-il pas averti par sa conscience ? Ne savait-il pas qu'il commettait une action mauvaise et qu'il méritait un châtiment ?

D'ailleurs ne pouvait-il pas avant d'agir, ou tout au moins avant de venir en France, s'informer de nos lois?

Nous sommes loin de nous associer aux scrupules de la loi, et pour vous en expliquer plus énergiquement les motifs, nous ne saurions mieux faire que de vous citer les paroles de M. Bonjean :

« N'est-ce pas un spectacle qui révolte la conscience
« et la morale, que celui de cet étranger qui, après
« avoir assassiné un Français sur le sol d'un des États
« voisins, vient chercher un asile dans la patrie même de
« sa victime, insultant par sa présence et son impunité à
« la légitime douleur des proches et des amis ? Si la
« justice française est incompétente du chef de l'assassin;
« pourquoi ne serait-elle pas compétente du chef de la
« victime? Car enfin, n'est-ce pas pour l'État un devoir de
« protéger et de venger ses nationaux? Sans doute, ce
« devoir est impossible à remplir quand le coupable
« étranger reste en son pays; mais lorsque spontané-
« ment il vient en France, quand il jouit des droits que
« nos lois civiles accordent si libéralement aux étrangers,
« quand il vient se placer sous la protection de la loi
« française, quel principe serait violé, si cette même loi
« lui demandait compte du sang versé ? »

Puis combattant les objections qu'on lui oppose :

« Ces raisons, ajoute le profond jurisconsulte, peuvent
« satisfaire ceux qui, dans les affaires de ce monde, ne

« considèrent que les principes abstraits, quelquefois un
« peu arbitraires, posés par les publicistes. »

Tels sont, Messieurs, dans leur ensemble, les principes
dont s'est inspirée la loi de 1866. Si elle est tombée dans
certaines exagérations, si elle laisse encore bien des lacunes
à combler, il n'en est pas moins vrai qu'elle a réalisé un
grand progrès.—En étendant l'empire de nos lois pénales,
elle a adopté un système qui présente le double avantage,
de respecter les souverainetés étrangères et de les suppléer
dans leurs défaillances. Elle a rendu à notre pays en
même temps qu'aux nations européennes un immense
service.

Nous avons indiqué que la loi française punit, sans
distinction de nationalité, toutes les infractions qui sont
commises sur son territoire.

Si la justice étrangère ne l'a pas jugé définitivement,
elle demande compte au Français qui retourne dans sa
patrie des actes coupables qu'il a commis à l'étranger.

Mais si un étranger se réfugie dans une nation après
avoir commis un crime hors de son territoire, celle-ci serait désarmée, et l'impunité serait assurée au coupable
si, dans un intérêt commun les peuples ne s'étaient armés

du droit de l'expulser de leur territoire, et de le livrer à la justice de l'Etat dont il a violé les lois.

C'est le but de l'extradition, mesure qui a pour principe l'application générale des règles de la justice.

Il serait curieux prenant cette institution dès son origine de la suivre dans ses luttes contre le droit d'asile, si sacré dans l'antiquité. Nous verrions combien elle répugnait à la conscience des peuples : car au milieu des guerres et des dissensions civiles, avec cette institution de l'esclavage, qui multipliait les fugitifs, les croyances religieuses recommandaient le plus grand respect pour ces exilés qui se présentaient suppliants aux portes des temples, ou se prosternaient aux pieds des statues des Dieux. Non seulement ces lieux étaient un refuge contre les lois du pays, mais tout le territoire de la nation était un vaste asile qui les protégeait contre la justice étrangère.

Tacite blâme les abus qui existaient de son temps dans les villes de la Grèce: « *Crebescebat Græcas per urbes « licentia atque impunitas asyla statuendi: comple- « bantur templa pessimis servitiorum: eodem subsidio « oberati adversum creditores, suspectique capitalium « criminum receptabantur.* »

Le poëte Stace nous les montre sous un jour plus favorable : les temples étaient ouverts aux vaincus malheureux, aux exilés, aux rois détrônés, aux homicides par imprudence.

Huic victi bellis, patriœque a sede fugati,
Regnorumque inopes, scelerumque errore nocentes,
Conveniunt, pacemque rogant....

No croyez pourtant point que l'extradition no fut jamais demandée, ni obtenue.

Les tribus d'Israël so rassemblaient menaçantes et sommaient la tribu do Juda de leur livrer un criminel : « *Cur tantum nefas in vobis apertum est? Tradite ho-* « *mines de Gabaas qui hoc flagitium perpetrárunt, ut* « *moriantur.* »

Les Lacédémoniens déclaraient la guerre aux Messéniens qui refusaient do leur livrer un meurtrier. Et les Athéniens déclaraient qu'ils livreraient ceux qui, après avoir attenté à la vie do Philippe, se réfugieraient sur leur territoiro

Enfin, n'était-ce pas uno exception au droit commun quo cette promesse que faisaient les fondateurs de villes : Cadmus, Thésée, Romulus, qui proclamaient pour y attirer des habitants, que tous les malfaiteurs poursuivis chez les peuples voisins y trouveraient un refuge. et les droits do cité ?

Plus quo tout autre pays, la France poussa loin ces devoirs de l'hospitalité. Tout étranger coupable qui parvenait sur son sol était à l'abri de ses lois. On y proclamait cette généreuse maxime : « *Fit liber quisquis so-* « *lum Galliæ, cum asyli vice contigerit.* »

Dans la France elle-même, les églises remplacèrent les temples. Mais des restrictions y furent apportées. Leur protection ne couvrit que les cas rémissibles, et Boutellier, dans le *Grand coustumier*, nous apprend quels étaient les cas non rémissibles.

« Les dérobeurs de gens en chemin ou voie publique,
« que les clercs appelent *depredatores populorum*, tels
« ne doivent avoir refuge, ni prendre immunité, les
« meurtriers qui, pour meurtre par eux faits, ne doi-
« vent avoir refuge; ceux qui s'efforcent de scanda-
« liser l'Eglise, ou qui l'Eglise vilipendent; ceux qui com-
« battent et font débats et mélées aux Eglises où ils se
« réfugient; ceux qui sous ombre de refuge espient et
« aguettent les ennemis si près de l'église, et là font
« injures grandes ou petites, et puis s'enfuient inconti-
« nent au refuge de l'Eglise..... etc.... »

Enfin l'immunité de l'église disparut, et c'était justice, car selon les paroles de Bossuet: « L'autel n'est pas fait « pour servir d'asile aux assassins. »

On ne pouvait y substituer l'asile du territoire. Aussi les rapports de nation à nation devenant plus faciles et plus fréquents, les peuples comprirent qu'il était de leur intérêt réciproque de se livrer les réfugiés coupables de grands crimes. Dès le XIVᵉ et le XVᵉ siècle on trouve quelques traités d'extradition, au XVIIIᵉ siècle, ils se multiplient; enfin cette institution est devenue de nos jours le droit commun des nations civilisées.

Il est pourtant encore quelques auteurs qui repoussent toute extradition: voyons ce qu'il faut penser de leur théorie.

L'extradition peut être envisagée au double point de vue de l'Etat qui la demande, et de celui qui l'accorde.

A ce premier point de vue, il ne peut y avoir aucune difficulté. L'Etat poursuit le citoyen qui a commis une infraction sur son territoire, qui a violé les lois auxquelles il est soumis. C'est un acte de souveraineté qu'il exerce, c'est sa juridiction qui s'accomplit. Sans doute il ne peut s'emparer de la personne qu'il réclame sur un territoire qui n'est pas le sien. Mais si le souverain de ce pays lui livre le fugitif qu'il poursuit, pourquoi n'exercerait-il point contre lui les droits dont il est armé contre le crime?

Mais un gouvernement peut-il s'emparer d'un réfugié, et livrer à une justice étrangère celui qui n'a pas violé ses lois. Telle est l'objection. La liberté de tout individu, soit naturel, soit étranger, est sacrée, et ce principe ne peut recevoir d'exception qu'au cas où cet individu, prévenu d'un délit commis dans le pays qu'il habite, est traduit devant les tribunaux de ce pays. Hors ce cas, aucun pouvoir ne peut porter atteinte à la liberté individuelle.

Puis, prévoyant l'objection, les partisans de cette doctrine ajoutent : nous ne prétendons point forcer un peuple à donner asile aux malfaiteurs que la crainte d'un juste châtiment chasse de la terre natale. Qu'il ait le

droit d'expulser l'étranger criminel qui se présente sur
son territoire, c'est possible, mais qu'un gouvernement
puisse donner des fers à l'exilé, le ramener par force
dans sa prison, voilà ce qu'aucun principe ne saurait
autoriser.

Nous n'hésitons pas à répondre que toutes les nations
se doivent une mutuelle assistance ; elles se doivent tout
ce qu'un intérêt légitime les autorise à réclamer ; car la
justice est universelle, elle ne s'arrête point aux limites des
Etats ; elle domine le monde. Et si le pouvoir social d'une
nation n'a de devoirs rigoureux que vis-à-vis elle ; il en a
aussi à remplir vis-à-vis des autres sociétés, lorsqu'il est
de son intérêt de le faire.

Or, quand un de ces crimes qui frappent au cœur la
société ou qui révoltent l'humanité entière a porté le désordre et l'effroi dans un Etat, le souverain sur le territoire
duquel le coupable s'est réfugié, n'a-t-il point intérêt à ce
qu'il soit puni ?

N'est-ce point l'intérêt général de tous les peuples, que
chaque siècle rapproche d'avantage pour les confondre
peut-être un jour, que tous les prévenus de grands crimes
soient punis ?

N'y voyez-vous pas aussi un autre intérêt plus particulier et plus direct ? En refusant l'assistance qu'on lui
demande, l'Etat ne s'ôterait-il pas le droit de réclamer à
son tour, lorsque la nécessité s'en présentera ?

Vous le voyez donc, Messieurs, d'après nous cet intérêt réciproque qu'ont les nations de s'accorder l'extradition des prévenus, associée à l'idée de la justice universelle, est la loi suprême qui doit régler en cette matière leurs droits et leurs devoirs.

Quelques auteurs, parmi lesquels Grotius, Burlamaqui et Watel, croient que l'extradition est obligatoire pour l'Etat auquel elle est demandée, et qu'elle doit être accordée, toujours et indépendamment de toute convention diplomatique.

D'autres, et c'est l'opinion de Pudendorff, Voet, Martens, Kluber et Wheaton pensent que pour qu'un Etat soit formellement tenu d'accorder l'extradition, il faut une convention spéciale, sinon elle reste toujours soumise à sa convenance.

Nous n'hésitons pas à nous rattacher à cette doctrine. En effet chaque Etat est maître d'agir selon sa convenance et sa dignité. La souveraineté dont on sollicite l'extradition doit examiner les motifs de cette demande. Elle en est le seul juge. Lui contester ce droit ne serait-ce point mettre son indépendance en question, et offenser sa dignité?

Nous avons déjà indiqué que cette mesure ne pouvait atteindre que les étrangers, et nous avons fait connaître les motifs pour lesquels elle ne peut selon nous frapper les nationaux du pays qui l'accorde.

Ce principe, aujourd'hui rigoureusement appliqué, avait été méconnu par le décret impérial du 23 octobre 1811. Ce décret, qui ne fut jamais appliqué, semble avoir été détruit par nos Chartes constitutionnelles, d'après lesquelles nul ne peut être distrait de ses juges naturels. Et toutes les conventions d'extradition passées avec les puissances étrangères disposent que les gouvernements contractants s'engagent à se livrer réciproquement les individus réfugiés sur leur territoire à l'exception de leurs nationaux.

Et enfin une circulaire du Garde des Sceaux du 5 avril 1841 pose le principe que les puissances ne se livrent pas leurs nationaux.

Et d'ailleurs, quel intérêt aurait la France à accorder l'extradition d'un Français qui a commis un crime à l'étranger, aujourd'hui que la loi nouvelle, que nous venons d'examiner, lui donne le droit de poursuivre les infractions extrà-territoriales.

Mais les gouvernements peuvent-il réclamer d'autres personnes que leurs nationaux ? Nous pensons avec Kluit que rien ne s'oppose à ce qu'une pareille extradition soit faite : et nous trouvons le motif de notre opinion dans le droit incontestable qui appartient à la nation où le crime a été commis d'en poursuivre et d'en punir l'auteur.

Nous approuvons aussi l'usage qui veut qu'avant d'accorder l'extradition, le gouvernement donne avis de la demande qui lui est faite au gouvernement auquel appartient le prévenu.

L'extradition, Messieurs, n'est point régie par nos lois. Elle a toujours été considérée comme un acte de haute administration, tout-à-fait du domaine du gouvernement, complètement étranger aux législateurs et aux tribunaux.

À quels cas, et dans quelles limites doit-elle être appliquée? Quelles garanties doivent entourer son exécution? C'est aux usages, aux conventions diplomatiques, au bon plaisir du prince que toute liberté est laissée à cet égard.

Qu'il en fut ainsi avant la révolution de 1789, c'était logique. La plénitude du droit de souveraineté résidait dans la personne du monarque; il le tenait de sa naissance, il était la loi vivante pour tout ce qui concernait la sûreté intérieure et extérieure de l'Etat, et les relations avec les voisins.

Mais aujourd'hui que le droit divin est à moitié renversé, que les chefs de gouvernements ne tiennent leurs droits que du peuple, comment expliquer ces abus! N'est-ce point en effet un singulier préjugé que cette étrange persuasion dans laquelle sont les gouvernements, que la loi les ayant chargés de négocier les uns avec les autres, en tout ce qui concerne les intérêts de leur nation, c'est à eux d'adopter pour base de ces négociations tels principes qu'ils jugeront les plus conformes à leurs intérêts ?

Un gouvernement n'est que le mandataire de la société qu'il représente? C'est donc à elle de lui indiquer les principes qu'il doit suivre. Et ce n'est qu'en s'y conformant qu'il marchera avec elle: chercher ailleurs que dans cette conformité du gouvernement et de la société le principe de la légitimité, c'est s'écarter des notions les plus vulgaires. D'ailleurs, que signifie un mandat absolu ? N'est-ce point un non-sens ?

De l'application de ces principes à la matière qui nous occupe, j'arrive à cette conclusion, qu'une loi qui réglementerait l'extradition, indiquerait les cas dans lesquels elle peut être demandée ou accordée, serait une réforme utile, que nous ne saurions trop désirer.

Si le pouvoir exécutif est l'agent de la loi, pourquoi serait-il ici en même temps le législateur et le juge ?

Ainsi réglementée, l'extradition, aujourd'hui restreinte aux crimes, pourrait être étendue aux délits les plus graves, pour les mêmes motifs et dans la même mesure que nous avons indiqués pour le droit de punir les infractions extra-territoriales.

Mais dans tous les cas, que l'on en excepte toujours les crimes et les délits politiques ! Ils ont des causes si diverses, se rapportent à des circonstances si variées, qu'il nous semble prudent de toujours respecter le réfugié politique.

Dans les temps de révolutions, des dissensions intérieures, lorsque l'orage gronde, que la haine des factions
éclate, qu'un pouvoir oppresseur poursuit le vaincu de sa
vengeance, ne serait-il pas cruel de l'arracher du refuge
où il laissait passer l'orage pour le livrer à l'injustice d'un
pouvoir despotique?

Si les nations étrangères avaient livré à la Terreur les
émigrés, si elles avaient livré au vainqueur de la veille,
ceux dont la vertu civique portait ombrage aux hommes
qui n'ont pas craint de violer les lois de leur patrie, pour
satisfaire leur ambition. — Que d'innocents condamnés !

Il est des temps où la justice se voile la face ! Laissez
calmer les passions ! Laissez attendre le retour de la
raison !

Les choses politiques sont soumises à d'étranges re-
tours. Tel descendit d'un trône pour monter sur un écha-
faud ; le roi de la veille est l'exilé du lendemain ; et celui-
ci est proclamé un sage monarque, qui, s'il eût échoué
dans ses tentatives, eût été traité comme un scélérat !

Mais à qui appartiendra-t-il d'appliquer la loi? Evi-
demment aux tribunaux. Nous ne voulons pas, comme en
Belgique, une loi qui, après avoir indiqué les cas où l'extradition pourra être accordée, laisse au gouvernement le
soin de statuer, lui imposant seulement de prendre l'avis
de la chambre des mises en accusations, sauf à lui de ne
point le suivre. Ce serait déjà un immense progrès pour
notre pays, mais il serait loin d'être complet.

L'étranger qui se trouve sur notre territoire doit y jouir de tous les droits civils, sans exception, à l'égal de nos nationaux; sa liberté lui est assurée, et il ne peut être poursuivi ou arrêté que dans les cas prévus par la loi. Or, à qui appartient-il de l'appliquer, si ce n'est aux tribunaux?

Et comment les citoyens d'une nation libre feraient-ils dépendre du bon plaisir du gouvernement l'application d'un principe destiné à satisfaire aux plus hauts intérêts de l'ordre public.

Puisque le principe de l'extradition n'est admis que dans le but, éminemment moral, de ne point laisser impunis les actes qui blessent la loi de la justice, comment laisserait-on au gouvernement toute la liberté d'appréciation à cet égard !

Pourquoi ne point suivre l'exemple de l'Angleterre ?

Là, c'est la justice du pays qui accorde ou refuse l'extradition, après avoir examiné les motifs pour lesquels elle est demandée; ici, c'est toujours le fâcheux système de l'administration. Là, les magistrats, le juge de paix dans les comtés, l'officier de police dans les villes, gardiens immédiats de la liberté individuelle écoutent le fugitif, entendent son défenseur; les débats sont publics, et quelle que soit la décision, les motifs qui l'on dictée sont soumis à l'opinion, souverain juge des actes du gouvernement; ici c'est l'Empereur, le pouvoir d'un seul, ou plutôt le ministre de la justice, toujours irresponsable, qui du fond de son cabinet règle les droits et les devoirs de chacun; ordonne d'arrêter le réfugié et de le livrer à la justice étrangère. Mais arrêtons-nons, ne poursuivons pas davantage des comparaisons qui montrent tant l'infériorité de nos institutions criminelles.

On pourrait à la rigueur laisser au gouvernement le soin de demander l'extradition, en donnant seulement aux tribunaux le droit de l'accorder. Mais ne serait-il point dangereux de mettre en présence deux pouvoirs si dissemblables? Un gouvernement sera toujours blessé de voir rejeter sa demande par des tribunaux, et les difficultés qui se sont élevées à ce sujet dans ces dernières années entre la France et l'Angleterre, ne montrent que trop le danger des inconvénients que je signale.

Pourquoi n'en serait-il pas en matière criminelle comme en matière civile, où les cours demandent par lettres rogatoires aux tribunaux étrangers force exécutoire pour leurs jugements?

Lorsqu'un criminel s'est réfugié à l'étranger, pourquoi la chambre des mises en accusation ne demanderait-elle point son extradition à la justice étrangère?

On rentrerait ainsi dans le droit commun; on éviterait de plus tous conflits et les gouvernements seraient en dehors d'une matière qui à aucun titre ne saurait être de leur compétence.

On objectera à notre système que ce droit que nous voulons enlever au chef de l'Etat lui a toujours appartenu, que sous l'empire de la charte, sous les régimes précédents il en a toujours été ainsi.

Qu'importe ? Mais du moins n'y avait-il pas une garantie de plus ? Le ministre qui agissait répondait de ses actes, on lui en demandait compte; tandis qu'aujourd'hui il est irresponsable, il peut se tromper, oublier ses devoirs, nul ne saurait les lui rappeler; hâtons-nous de dire que, par un échange apparent, le souverain a cette responsabilité idéale que vous savez.

Il y avait donc plus de garanties autrefois.

Disons en terminant que nous voulons la répression du mal, que loin de vouloir restreindre l'extradition, nous en demandons l'extension, parce qu'elle est pour les nations une assurance mutuelle contre le crime.

Nous espérons qu'un jour viendra où, inscrite dans nos lois intérieures, sans conventions internationales, chacun pourra la demander et l'obtenir tour à tour.

Mais nous voulons aussi la liberté individuelle, nous voulons que celui qui s'est réfugié en France et qui se trouve sous la protection de nos lois, ne soit arraché de cet asile, que si ses fautes le rendent indigne de notre hospitalité.

Nous voulons qu'on distingue entre le crime et le malheur, et que celui que sa vertu civique a dû éloigner de son pays ne soit point traité comme le malfaiteur.

Et qui plus que la justice est compétent pour l'apprécier ?

Aussi espérons-nous, que réglée par nos lois, appliquée par nos tribunaux, l'extradition sortira enfin du domaine du pouvoir administratif, pour entrer dans celui de la justice. Et nous nous en féliciterons, Messieurs, car ce sera un pas de plus vers le progrès, une conquête de plus pour la liberté, s'il est vrai, que l'on juge de la liberté d'un peuple par ses institutions criminelles !

Vous me reprocherez, peut être, Messieurs, d'avoir abordé des questions d'un ordre trop élevé, de m'être laissé dominer par un sujet dont je ne pouvais atteindre la hauteur.

Que la pensée qui m'a inspiré ce travail, m'en fasse pardonner les imperfections !

Le temps n'est-il pas venu de mettre la justice au-dessus des nationalités ? Et alors qu'emportés par le commerce et l'industrie, oubliant leurs luttes et leurs rivalités, les hommes s'unissent et s'entremêlent dans un intérêt mercantile, comment dans l'intérêt de la justice et du droit resteraient-ils divisés ?

Puissent les lois de l'avenir, entrant dans cette grande
voie de l'utilité sociale, rappeler aux peuples que la fa-
mille humaine n'est qu'un vaste organisme, dont toutes
les parties sont liées entre elles, et se doivent dans une
vie commune, un mutuel concours !

Qu'ils cessent de se considérer comme étrangers les
uns aux autres, et de croire que leurs devoirs réciproques
sont remplis dès qu'ils ne cherchent plus à se nuire! Leurs
rapports doivent être un échange mutuel de bienfaits et de
bons offices. Qu'ils montent ou qu'ils descendent l'échelle
des siècles, ils arriveront toujours de degré en degré à
l'unité ; sortis d'un même Dieu dans le sein duquel ils
doivent retourner, c'est un lien fraternel qui les reserre.

Qu'ils s'unissent donc dans une destinée commune
pour marcher dans la voie du progrès ! Cette destinée
qu'ils tiennent de Dieu, est sacrée ; rien ne saurait préva-
loir contre elle. Car il n'est pas de nation, malgré ses défaillances, qui renoncerait à elle-même et à son avenir,
pour suivre un pouvoir aveugle qui, la faisant rétrograder
vers le passé, la précipiterait hors des voies que lui a tra-
cées la Providence.

Avant de quitter cette place où nos confrères les plus
distingués se firent entendre, où l'un de nos amis rece-
vait, il y a un an, les applaudissements unanimes qu'un
travail aussi profond par sa science qu'élevé dans ses vues,

avait suscités parmi nous ; qu'il me soit permis, Monsieur
l'ex-bâtonnier, de vous remercier de la direction que vous
avez bien voulu donner à nos études, en leur consacrant
un temps précieux que vos clients nous ont vainement
disputé. Par vos résumés, vous nous avez appris combien
l'élégance du style et la pureté de la diction peuvent re-
hausser et embellir les discussions les plus sérieuses et
les plus arides de la théorie.

Monsieur le Bâtonnier.

Ne jugez point de la conférence que vous allez présider,
par celui qui vous adresse la parole, ce serait en abaisser
le niveau. Jugez seulement de ses sentiments à votre égard,
par ceux que j'ai le plaisir de vous exprimer en son nom.
Le jeune Barreau est heureux de vous voir à sa tête : il
compte trouver en vous un guide sûr et sympathique
pour marcher plus rapidement dans cette voie du progrès,
dont il vous sait le partisan, et il se félicite que votre bâ-
tonnat lui soit une occasion de profiter plus directement
de vos études et de vos travaux, qu'il apprécie d'autant
plus que, mûris par l'expérience, ils vous sont inspirés par
des principes qui lui sont chers.

Mais, il n'est en ce monde aucune joie parfaite, et voilà
qu'aujourd'hui votre présence elle-même nous rappelle
une douleur récente. Non contente de nous avoir enlevé
notre doyen, la mort nous a ravi notre bâtonnier.

4

Nous l'eussions vu avec tant de plaisir parmi nous cet ancien de notre ordre, qui nous était si sympathique !

Nous eussions été si heureux de l'entendre cette voix à jamais éteinte, nous rappeler, en cette enceinte, les liens de la confraternité et les devoirs d'une profession qu'il a tant aimée et si dignement remplie.

Et lui, il eût été si bien au milieu de cette jeunesse, dont il se savait tant aimé, et qui avait su découvrir sous des dehors un peu brusques, les grandes qualités de son cœur !

Je laisserai a vos sentiments le soin d'en faire l'éloge ; mes efforts ne pourraient que l'affaiblir. Car tel est le sort de la parole ; habituée à jeter des voiles sur de véritables défauts, et à répandre des fleurs sur des vertus équivoques, elle demeure interdite à la vue de ces grands caractères.

D'ailleurs, ai-je besoin de vous rappeler ce talent modeste, cette simplicité austère, cet amour de l'honneur, cette fermeté et cette indépendance de caractère, nobles vertus qui, bannies de ce monde, semblent avoir trouvé un refuge dans les rangs de notre ordre ?

Mais il n'est plus ; cessons de verser des regrets inutiles, et pour honorer sa mémoire, pleins de son souvenir, cherchons dans l'accomplissement de nos devoirs, la seule consolation qui convienne aux confrères de Mᵉ Lecourt !

ORDRE

DES AVOCATS DE MARSEILLE.

Extrait des registres des délibérations du Conseil de discipline.

Séance du 30 Janvier 1869.

Présidence de M⁰ CLAPIER, Bâtonnier.

Présents : MM. Clapier, bâtonnier, Meynier, Berthou, Le-
peytre, Pellen, Chamski, Charles Teisseire, Menoin, Barthé-
lemy, Chataud, Ronchetti et Legré, secrétaire.

Monsieur le Bâtonnier propose au Conseil d'examiner s'il y
a lieu d'ordonner l'impression du discours prononcé par
M⁰ Lucien Drogoul à la séance de rentrée de la Conférence ;

Sur quoi, après en avoir délibéré :

Attendu que l'article 13 du règlement de la Conférence des
jeunes avocats du barreau de Marseille donne au Conseil le
droit de voter l'impression aux frais de l'Ordre du discours
prononcé à la séance de rentrée ;

Attendu que le discours de M⁰ Lucien Drogoul mérite cet
honneur ;

Le Conseil décide à l'unanimité qu'il y a lieu de faire im-
primer aux frais de l'Ordre le discours de M⁰ Lucien Drogoul.

Le Secrétaire,
L. LEGRÉ.

Le Bâtonnier,
A. CLAPIER.

www.ingramcontent.com/pod-product-compliance
Lightning Source LLC
Chambersburg PA
CBHW071326200326
41520CB00013B/2870